Kerstin Stefanie Rothenbächer

Bleib bei mir

Für Dich,

Oli

- endlich bist du wahr!

Ich habe den Himmel gesucht und die Sterne gefunden.

Copyright © 2019
Kerstin Stefanie Rothenbächer
Herstellung und Verlag:
BoD- Books on Demand, Norderstedt

Bibliografische Information der Deutschen Nationalbibliothek
Die Deutsche Nationalbibliothek verzeichnet diese
Publikation in der Deutschen Nationalbibliografie;
detaillierte bibliografische Daten sind im Internet über
http://dnb.d-nb.de abrufbar.

ISBN 978-3-8370-9518-0

Wirklichkeit

Du zündest
meine Sterne an,
machst meinen Himmel blau.

Du erweckst
mein Lächeln neu,
hältst mein Herz im Zaum.

Du bist
meine Fantasie
und auch Wirklichkeit.

Du entzündest
mein Feuer,
hältst es heiß für allezeit.

Du bist
die Wärme in mir drin,
Du bist meine Welt.

Du –
mein Traum wird Wahrheit sein.
Du hast mir gefehlt.

Lass es so nicht enden

Du gehst
und schmeißt die Türe zu.
Du sagst:
Jetzt lass mich doch in Ruh!

Du lachst,
bis mir die Tränen kommen
Du lachst
und mir wird ganz benommen.

Du machst
es mir so schwer.
Du schreist
mir die Seele leer.

Du lässt
mich nicht glücklich sein.
Und jetzt
lässt Du mich allein!

Mein Licht

Kein Stern
kann Dein Licht erreichen,
Dein Glanz geht mir nah.

Kein Sonnenstrahl
hat die Wärme,
die mir mein Herz stahl.

Kein Sturm
wird je so heftig
wie meine Sehnsucht sein.

Kein Feuer
holt die Hitze
unserer Leidenschaft ein.

Kein Fels
besitzt Deine Stärke,
die für mich ist.

Kein Leben
ist so viel wert,
wie Du für mich bist.

Uns gehört das Glück

Lass uns träumen
in die Sternennacht hinein.
Du und ich,
lass uns glücklich sein.

Lass uns lachen
mit und ohne Grund.
Lass uns küssen
Mund zu Mund.

Lass uns streiten
und wieder vertragen.
Lass uns kämpfen,
wir können es wagen.

Lass uns halten,
Hand in Hand gehen.
Lass uns treu sein,
zueinander stehen.

Lass uns leben
nur noch vor – nicht zurück.
Lass uns lieben,
uns gehört das Glück!

Verliebt in Dich

Dich zu treffen,
ist für mich ein Traum.
Meine Welt zu Deinen Füßen.

Dich zu sehen,
ich glaube es kaum.
Schweben bei Deinen Küssen.

Dich zu halten
eine Sternennacht lang.
Mein Himmel ist so nah.

Dich zu streicheln
von Anfang an.
Deine Wünsche sind wahr.

Dich zu nehmen
wie Du bist für mich
alles andere als schwer.

Dich zu lieben
ganz allein Dich:
ich geb Dich nicht her.

Sehnsucht nach Dir

Wenn ich daran denke,
wie es früher war:
Du warst immer für mich da.

Ich musste nicht weinen.
Die Blicke von Dir –
Du bekamst nie genug von mir.

Doch diese Tage
sind endgültig vorbei.
Unsere Liebe brach entzwei.

Ich wünsche mir,
Dich nur zu sehen.
Vielleicht kannst Du mich verstehen.

Wenn Du das liest,
das wäre ein Glück.
Vielleicht kämst Du zu mir zurück.

Ich weine

Ich weine
Träne um Träne verlieren
so traurig
und das nur wegen Dir.

Ich bebe
schwer zu leben ohne Dich
so verzweifelt
finde mein Glück einfach nicht.

Ich falle
nie mehr in Deinem Arm
so weit weg
und fühle mich nicht mehr warm.

Ich vermisse
meine Welt war ein Traum
so außer mir
nur Stille in meinem Raum.

Ich flehe
das alles ist nicht wahr
ich wünschte
Du wärst wieder da.

Wünsche

Ich wünsche mir
einen Stern für mich allein:
Immer glücklich sein.

Ich wünsche mir,
ich könnte fliegen:
Niemand würde lügen.

Ich wünsche mir
ein Herz neben meinem
niemals mehr weinen.

Ich wünsche mir
ganz und gar
Wünsche werden wahr!

Seine Liebe

Er lacht sie an,
er tanzt mit ihr.
Nicht einen Blick
nur schenkt er mir.

Er hält sie fest
und schmeichelt ihr.
Nicht ein Gedanke
gehört mir.

Er steht auf,
holt die Rosen ihr.
Nicht eine Dorne
lässt er mir.

Er kommt hierher,
und er küsst mich,
denn seine Liebe
gehört ihr nicht.

Nächte

Glück gehört zu Träumen,
die bei Tag vergehen.
Lichter, die nur nachts
hoch am Himmel stehen.

Tränen bei Sonnenschein
vernebeln die Sicht.
Die Realität voll Grausamkeit
verdecken sie nicht.

Liebe unter Sternen
in Gedanken versteckt.
Genieß den Augenblick,
der Deine Wünsche weckt.

Ich sehne mich morgens schon
nach der kommenden Nacht.
Und dann endlich bin ich
nicht mehr aufgewacht.

Der Mann, den ich will

Du bist nicht hier,
und doch bist Du nah.
Alles Glück dieser Welt:
Du bist für mich da.

Du bist so besonders
und mir doch verbunden.
Alle Wünsche erfüllt
in all meinen Stunden.

Du bist mein Traum,
und doch bist Du wahr.
Alle Sterne in der Nacht:
Du bist wunderbar.

Du bist der Mann,
den ich will für mich.
All meine Sinne sagen Dir:
Ich liebe Dich.

Schwarze Welt

Hier in meiner Dunkelheit,
tief in meiner Seele,
schwarze Schatten überall,
die ich niemals wählte.

Träume, schon so oft geträumt
von heller freier Welt.
Hier nur ist die Wirklichkeit,
die mir nie gefällt.

Tränen, umsonst geweint,
verquollenes Gesicht,
wie lange noch?
Das weiß ich nicht!

Hoffnungslos in Traurigkeit:
Alles das ist wahr!
Aber vielleicht irgendwann
bist du wieder da.

Sterne

Nur in meinen Träumen
hab ich Dich je gesehen.
Niemals wollte ich
die Wirklichkeit verstehen.

Meine Welt aus den Fugen,
strahlt in Deinem Licht.
Deine Liebe ist
ein Wunder für mich.

Immer näher und näher
wie wir uns sind.
Ich weiß, wir sind
füreinander bestimmt.

Deine Stimme
ruft die Sterne am Tag.
Dein Lachen
macht mich so stark.

Alles was mein Herz
Deinem verspricht:
Ich liebe und liebe
immer nur Dich.

Ich verliere Dich

Verliere einen goldenen Ring,
versinke in stiller Angst.
Kann Dir nicht geben,
was Du verlangst.

Verliere Dein stolzes Herz,
kann Dich nicht befreien.
Will Dich nicht weggeben,
mag bei Dir sein.

Verliere mein einziges Ziel,
trauere Dir nur nach.
Bin aus meinen Träumen
mit Dir erwacht.

Verliere die Geduld und
Kontrolle über mich.
Verliere mein Leben –
ich verliere Dich!

An Deiner Hand

Augen wie die Sterne -
sie strahlen mich an.
Wenn es wahr ist,
geb ich, was ich kann.

Hände aus reinem Samt,
Berührung ist Magie.
Wenn ich es glaube,
verliere ich nie.

Arme stark und weich,
fühl mich so daheim.
Wenn ich es verstehe,
wird mein Herz Dein.

Lippen zum Himmel
wie süß führst Du mich.
Ich fühle es in mir:
So sehr liebst Du mich.

Mein Herz

Ich gab es Dir.
Du solltest darauf aufpassen,
es lieb behalten.

Ich gab es Dir.
Doch Du hast mich verletzt.
Du hast es zerbrochen.

Ich gab es Dir.
Du hättest glücklich werden können.
Du hast es weg geworfen.

Ich gab es Dir.
Es war alles, was ich geben konnte.
Und ich hatte nur dieses eine.

So viele Träume

So viele Träume von Dir
bei Tag und in der Nacht
und doch bin ich
allein aufgewacht.

So viele Tränen um mich
und meine Einsamkeit
und niemand hält
mich fest in dieser Zeit.

So viele Sterne habe ich
um Dich angefleht,
aber kein Mond,
der für mich aufgeht.

So viele Spieler
habe ich schon gesehen,
und kein Mensch
will mich verstehen.

So viele Küsse
bewahre ich für Dich,
und nun ist es wahr:
Du findest mich.

So wahr

Wie eine Zuflucht
tief in mir drin.
Zu jeder Zeit,
wo ich auch bin.

Wie eine Heimat
nach der ich mich sehn,
wo Stunden
wie Sekunden vergehn.

Wie ein Traum,
der Wünsche erfüllt
und so die ganze
Wahrheit enthüllt.

Wie ein Licht
in der Dunkelheit:
Deine Liebe zu mir
für die Ewigkeit.

Halt es doch fest

Ich war allein,
hab oft geträumt.
In all den Tagen
hab ich nichts versäumt.

Ich war einsam
so lange Zeit,
suchte Gefühle
und Zärtlichkeit.

Ich war verliebt,
weil ich Dich traf,
weil ich Dich halten
und küssen darf.

Ich war glücklich
und schuld warst Du.
Ich war bei Dir,
Du hörtest mir zu.

Ich bin traurig,
weil Du mich verlässt.
Mein Herz zerbricht,
halt es doch fest!

Du und ich

Du bist, was ich will
Du bist mein Traum.
Für Dich steh ich still
in Zeit und Raum.

Du bist mein Schicksal
Du bist meine Welt.
Ich liebe Dich total,
mein einziger Held.

Du siehst die Wahrheit
Du siehst, was zählt.
Für Dich geh ich soweit,
es Dir nur gefällt.

Du siehst zu mir
Du siehst mein wahres Ich.
Ich steh zu Dir,
es gibt nur Dich und mich.

Jemand anders

Irgendjemand nimmt Dich
jetzt in ihren Arm.
Sie hält Dich fest,
macht Dein Herz warm.

Sie teilt Deine Geheimnisse,
die wir nie gehabt.
Du bist lieb zu ihr
in einer anderen Stadt.

Ich war zu schüchtern,
um Dich zu halten.
Deshalb muss mein
Gefühl nun erkalten.

Ich höre Deine Stimme,
doch es ist so leer.
Die Stille in meinem Raum
- Du fehlst mir so sehr.

Ich liebe Dich,
doch dafür ist es zu spät.
Meine Liebe bleibt,
mein Leben geht.

Ich nehme Deine Hand

Ich lasse mich fallen,
denn da bist Du.
Ich bin endlich ich,
Du lächelst mir zu.

Ich vergesse die Sorgen,
denn Du bist da.
Keine Tränen mehr für mich,
mein Traum wird wahr.

Ich verzeihe mein Gestern,
denn Du willst mich.
Sterne an meinem Himmel
für mich und Dich.

Ich nehme Deine Hand
in unsere Zukunft hinein.
Ich liebe Dich von Herzen,
ich bin immer Dein.

Meine Ewigkeit

Ich hab lang gewartet,
doch jetzt muss ich gehen.
Viel zu viel Erwartung
lässt mich nicht verstehen.

Ich hab viel gegeben,
doch nicht viel gekriegt.
Wieso soll ich noch bleiben?
Dein Stolz hat gesiegt.

Immer nachzugeben
ist für mich zuviel.
Ohne Deine Kälte
wächst wieder Gefühl.

Hab ich auch begonnen,
von Dir fort zu gehen,
ist mein Herz zerbrochen,
meine Kraft geschehen.

Die Tür ist schon offen,
kurz nur war die Zeit.
Alles zu vergessen
- meine Ewigkeit.

Träume leben lassen

Komm doch zu mir,
ich halte es nicht aus.
Deine Wärme -
ich mach mir viel daraus.

Ich will Dich spüren,
Geborgenheit verstehen.
Ich will bei Dir sein,
niemals von Dir gehen.

Meinen Traum mit Dir
in Deinen Armen leben.
In mir ist so viel Liebe,
ich will Dir alles geben.

Ganz tief in uns
wohnt unser Glück.
Alles zählt für uns
jeder Augenblick.

In Deinen Augen lesen
einfach schön für mich.
Mit Dir zusammen bleiben,
ich liebe Dich!

Schwarz und weiß

Dunkel wie die Nacht
und so warm,
die Augen voller Sterne.
Ich werde schwach.

Unheimlich und
anziehend zugleich,
eine völlig
neue Dimension.

Verträumt, verliebt
und sentimental
und doch manchmal
schrecklich real.

Meine Liebe zieht
mich zu Dir.
Doch mein Leben
hält mich zurück.

Ich würde Dich
gern hassen,
doch Du sprengst
mein Herz.

Licht in meinem Leben

Einmal war Licht
in meinem Leben,
dafür habe ich
alles gegeben.

Einmal war Wärme
in meinem Blick.
Und wo ist es
geblieben, mein Glück?

Einmal war Liebe
in meinem Herz.
Jetzt ist da nur
ein ewiger Schmerz.

Einmal war da
Zärtlichkeit.
Warum bist Du
nur so weit?

Einmal war ich
richtig verliebt.
Bis jetzt,
wenn es Dich nicht mehr gibt.

Ich sehe Dich an

Ich sehe Dich an
und wünsche mir,
Du gehst nicht vorbei.

Ich glaube es kaum,
was Du mir tust.
Ich träume dich herbei.

Ich staune nur,
wie Du mich
gewinnst mit einem Blick.

Ich halte Dich fest,
es tut so gut.
Das ist wahres Glück!

Du siehst mich an,
als gäbe es
auf dieser Welt nur mich.

Ich schenke Dir
mein ganzes Herz
so sehr liebe ich Dich.

Menschlichkeit

Ich tue alles,
um Deine Liebe zu halten.
Doch Du machst
es mir so schwer.

Deine Leidenschaft
soll nie erkalten.
Ich geb Dich
nicht mehr her.

Du kannst nur
einen Engel lieben,
doch mein Himmel
ist so weit.

Wie soll ich
Dein Herz besiegen
mit meiner
Menschlichkeit?

Ich verwöhne und
begehre Dich.
Doch Du bist
fern von mir.

Wie schrecklich
ist es für mich,
dass ich nicht
gehöre zu Dir.

Schauern und Zittern

Schauern und Zittern
Du gehst vorüber
Zögern und Hoffen
Du kommst wieder.

Wünschen und Träumen
Du und ich – wir!
Zweifeln und Beben
was geschieht mit mir?

Fühlen und Glauben
Du gehörst zu mir
Bitten und Flehen
spricht mein Herz zu Dir?

Lieben und Leben
für Dich ganz allein.
Warten und Erfahren
endlich bist Du mein.

Ich erwarte Dich

Ich erwarte Dich
in meinem Traum.
Doch Wirklichkeit
wirst Du wohl kaum.

Ich erwarte Dich
in schönen Stunden.
Nur mein Kopf hat
Dich bisher gefunden.

Ich erwarte Dich
auf den einsamen Wegen.
Lass mich mein Glück
in Deine Hände legen.

Ich erwarte Dich
vorm Tor zur Fantasie.
Ich erwarte Dich,
doch kommen wirst Du nie.

Ich teile

Ich teile Dich.
Du gehörst mir nicht allein.
Und doch möchte ich so gern
Deine einzige Liebe sein.

Ich teile Deine Küsse
und Deine Zärtlichkeit.
Und manchmal erfriere ich
in meiner Einsamkeit.

Ich teile Deine Liebe
und doch Dein Leben nicht.
Und sie teilt Deine Treue
und meine Tränen nicht.

Du

Du bist mein Glück
mein helles Licht.
Du bist mein Stern
leuchtest für mich.

Du bist mein Traum
meine Fantasie.
Du bist mein Wunsch
meine Euphorie.

Du bist mein Leben
ein Leben lang.
Du bist mein Heim
mein starker Mann.

Du bist meine Liebe
mein schönstes Gedicht.
Du bist mein Ende,
denn Dich gibt es nicht.

Eins

Ein Blick von Dir
nur reichte schon,
mich an Dich zu verlieren.

Ein einziges Lächeln
lässt mich durch
und durch vibrieren.

Ein Händedruck
und ich werde
nie diese Nähe missen.

Ein Tag ohne Dich
und ich weine
in mein Kissen.

Ein Zwinkern von Dir
bringt Licht
so wunderschön.

Ein kleines Wort
und ich werde
nie wieder gehen.

Zu meinen Füßen

In Deinen Augen
steht es geschrieben:
Du kannst nicht
nur Eine lieben.

Mit Deinen Händen
drückst Du aus:
Du kommst nicht
oft nach Haus.

An Deinen Schultern
weinten viele:
So treibst Du
Deine Spiele.

In Deinem Herzen
lieb und fest
gibst Du mir
den Rest.

Ich will Dich

Ich will Dich,
denn Du bist es wert.
Ich krieg Dich,
das wäre nicht verkehrt.

Du bist der,
der mich glücklich macht.
Du nur Du
Tag für Tag, Nacht für Nacht.

Ich brauch Dich,
will bei Dir sein.
Ich liebe Dich
und bin allein.

Du für mich

Du bist meine Welt.
Wenn ich falle, bist Du da.
Du bist meine Welt,
machst meine Träume wahr.

Du bist mein Leben,
trocknest mir meine Tränen.
Du bist mein Leben,
kann mich immer an Dich lehnen.

Du bist meine Liebe,
bei Dir fällt mir alles so leicht.
Du bist meine Liebe,
atemberaubend – auf ewig unerreicht.

Mit Dir leben

In Deinen Augen
sehe ich mein Licht.
Glück, das nur
für mich scheint.

In Deiner Stimme
spüre ich Deine Stärke.
Freude, die
nie wieder weint.

In Deinen Worten
hör ich Zärtlichkeit.
Wärme – so
gut für mich.

In Dein Herz
wünsch ich mich hinein.
Nie mehr
leben ohne Dich.

Herzschlag

Ich fühle Dich,
seh in Deine Seele,
wenn Du bei mir bist.

Du und ich
traumhaft schön
wie es für mich ist.

Ich denk an Dich,
mein Herz hält nie an.
Du gehst mir so nah.

Du berührst mich,
sprengst meine Welt.
Wärst Du nur wahr.

Ich finde Dich

Dich zu sehen
mein Ziel am Tag.
Dich zu sprechen,
wie ich das mag.

Dir zu sagen,
ich bin verliebt.
Dir zu zeigen,
was Du mir gibst.

Dein zu werden,
mein wahres Glück.
Dein Herz halten,
die Zukunft im Blick.

Meine Liebe geben,
und Du siehst mich.
Meine Hand sucht Deine,
und ich finde Dich.

Dass ich Dich habe

Dass ich fliege
und falle nicht,
dass ich träume
und lebe im Licht.

Dass ich schwebe
und Sterne sehe,
dass ich hoffe
und nie vergehe.

Dass ich lache
und so sicher bin,
dass ich genieße
zum siebten Himmel hin.

Dass ich fühle
nur Glück für mich,
dass ich liebe
immer nur Dich.

Hier allein

Voll Traurigkeit
schreib ich die Zeilen,
wo alles doch
so schön begann.

In Einsamkeit
muss ich verweilen,
wenn ich nicht
bei Dir bleiben kann.

Es gibt keinen Grund,
Dich allein zu lassen.
Denn es ist schön,
bei Dir zu sein.

Und doch muss ich
die Liebe hassen,
die mich verdammt
hier allein.

Die Tränen geweint,
denk ich an Dich,
wie Eifersucht
uns zerstört.

Du bist ein
Wunder für mich,
das doch nicht mehr
zu mir gehört.

Meine Hand in Deiner

Mit meiner Hand in Deiner
erobere ich die Welt.
Deine Nähe und Wärme
ist alles, was für mich zählt.

Mit einem Blick in Deine Augen
komm ich durch die Nacht.
Deine Stärke und Güte
Du gibst auf mich Acht!

Mit der Sicherheit in Deinem Arm
hört meine Sehnsucht auf.
Dein Halt und Dein Herz
ich vertraue blind darauf.

Mit der Wahrheit, die in Dir liegt,
gelange ich ins Licht.
Du und Deine Liebe
so wundervoll für mich.

Wie ich liebe

Wie kann ich sehen,
wenn Du mein Licht bist?
Wie kann ich gehen,
wenn Deine Stärke ich vermiss?

Wie kann ich träumen?
Die Sterne sind so weit.
Wie kann ich weinen?
Ich verfluch die Zeit.

Wie kann ich hoffen
auf Dich und mich?
Wie kann ich leben
nur einen Tag ohne Dich?

Ich lass Dich nicht gehen

Meine Augen können sehen:
Du bist da für mich.
Jede Stunde wird mir
so schwer ohne Dich.

Meine Lippen fühlen es:
Du hältst fest zu mir.
Jede freie Minute
wünsch ich mich zu Dir.

Mein Kopf weiß es genau:
Dich habe ich gesucht.
Jede Sekunde ohne Dich
habe ich so verflucht.

Mein Herz sagt mir:
Ich lass Dich nicht gehen.
Alle Zeit bei Dir
es ist so wunderschön.

Wie ein Märchen

Wie einen Traum
sehe ich Dich:
Du hast mein Gefühl.

Wie eine Burg
bei Dir geborgen:
Das ist mein Ziel.

Wie ein Feuer:
Ich will
Dich ganz nah.

Wie ein Komet:
Jeder Wunsch von
Dir wird wahr.

Wie ein Sonnenstrahl:
Dich einfach
nur anzusehen.

Wie ein Märchen:
Mit Dir durchs
Leben zu gehen.

So waren wir

Und so waren wir
Liebe und Glück
gleich vom ersten Augenblick.

Jetzt regnet es
tief in mir drin
ohne Dich macht nichts einen Sinn.

Und so lebten wir
Hand in Hand
alles nur Schlösser aus Sand.

Jetzt stürmt es
nichts ist, wie es war.
Du bist nicht mehr da.

Und so hoffe ich,
träume mich zu Dir,
dass ich Dich nicht verlier.

Ich möchte

Ich möchte die Sterne versiegeln,
damit keiner je erlischt.
Ich möchte das Meer bezwingen,
und doch gelingt es mir nicht.

Ich möchte die Blumen erfrieren,
damit sie nicht verblühen.
Ich möchte den Tag verbannen,
dass meine Träume nicht fliehen.

Ich möchte die Flügel ausbreiten,
und der Himmel ist mein.
Ich möchte keine Stunde verschwenden,
um traurig zu sein.

Ich möchte die Zeit festhalten,
so wie Du meine Hand.
Ich möchte mein Herz Dir geben,
schön, dass ich Dich fand.

Du bist wunderbar

Ich sehe Dich an,
glaube es fast nicht.
So schön –
denn Du bist wahr für mich.

So viele Momente
mein Glück liegt in Dir.
Ich fühle mich sicher,
Du stehst zu mir.

Du verstehst mich,
lächelst in meine Welt,
hältst meine Hand
wie mir das gefällt.

Jeder Tag mit Dir
ist wunderbar.
Mein Leben ist ein Traum,
denn Du bist da.

Mehr als Freundschaft

Ich lerne Dich kennen,
gewinne Dein Vertrauen.
Ich lerne Dich mögen,
kann auf Dich bauen.

Ich sehe Dich traurig,
geht in mein Herz hinein.
Ich sehe Dich wirklich,
muss mehr als Freundschaft sein.

Ich fühle Dich bei mir,
bist Du auch nicht hier.
Ich fühle Dich innen,
sehne mich nach Dir.

Ich lernte Dich lieben
- wundervoll für mich.
Ich lerne, Dich verlieren,
denn Du liebst mich nicht.

Du bist es

Du bist es.
Ich fühle Dich so nah.
In meinem Traum
bist Du immer da.

Du bist es.
Mein Gefühl spürt in Dir:
In Deiner Welt
hältst Du stets zu mir.

Du bist es.
Ich sehe in Dich rein.
In meinem Leben
sollst Du bei mir sein.

Du bist es.
Du lächelst alles schön.
In Deinen Augen
kann ich Liebe sehen.

Du bist es.
Meine Welt ist voller Licht.
In meinem Herzen
gibt's nur Dich und mich.

Zusammen

Du findest mich,
drehst an meiner Welt.
Du trittst ein,
mein großer Held.

Du bist der Glanz,
das Funkeln in mir drin.
Du bist ein Traum,
ich schmelze dahin.

Dein Lächeln wischt
den Alltag hinweg.
Deine Energie
niemals am selben Fleck.

Du bist mein Stern,
bist für mich gemacht.
Ich bleib bei Dir
auch in dunkler Nacht.

Dein Herz schlägt
wie meins im gleichen Ton.
Unser Leben zusammen
ich träume schon.

Fliehen

Ich muss fliehen
weit fort von hier.
Nimm meine Hand
und folge mir.

Halt mich fest,
es wird schnell vergehen.
Niemand kann
uns zwei verstehen.

Ich sehe Dich an,
verliebe mich.
Glaube mir,
ich darf es nicht.

Ich muss fliehen
ganz allein,
denn Wirklichkeit
wirst Du nie sein.

Du bist meine Welt

Nie war ich so frei,
fühlte nie so viel Glück.
Du trittst in mein Leben,
Du machst mich verrückt.

Nie war ich so froh,
lache in die Welt.
Du bist bei mir,
mein Dunkel wird hell.

Nie war ich so sicher,
was ich fühl in mir drin.
Du bist Wirklichkeit,
gibst allem einen Sinn.

Nie war ich so ich selbst,
fühl mich wunderbar.
Du bist meine Liebe,
endlich bist Du da.

Atemberaubend

Wie wundervoll
all meine Sterne glühen.
Ich halte es fest,
lass es immer blühen.

Wie traumhaft schön
meine Welt voller Licht.
Ich treibe dahin,
öffne die Augen nicht.

Wie atemberaubend
mein Traum ist endlich wahr.
Ich sehe Dich,
und alles ist ganz klar.

Wie sicher und geborgen
mein Herz in Deiner Hand.
Ich fühle mich so gut,
seit ich Dich fand.

Ich will mehr

Ich begegne Dir
und fühle mich Dir nah.
Dass Glück mich finden kann,
war mir nie so klar.

Ich halte Deine Hand,
lass Dich in mich sehen.
Wie Liebe mich erfüllt,
wie wir uns verstehen.

Ich schließ meine Augen,
denn Du kennst den Weg.
Wie ein Traum in Wirklichkeit,
alles was zählt.

Ich kenn nur einen Teil von Dir,
und ich will noch mehr.
Wie wundervoll ist meine Welt,
geb Dich nicht mehr her.

Etwas Wahres

Alles was ich wünschte:
Wahrheit in meinem Leben.
Für Deine Träume kämpfen,
Dir meine Hand geben.

Alles was wirklich wichtig ist:
Ein wundervoller Moment mit Dir.
Meinen Weg mit Dir teilen,
und ich setze alles dafür.

Alles was meine Seele liest
in Deinen Blicken auf mich.
Du bist meine Sternenwelt,
so sehr lieb ich Dich.

Vergänglichkeit

Meine Seele weint,
mein Herz, das friert.
Meine Sehnsucht ruft,
wenn man verliert …

Deine Kälte besiegt
meine Liebe zu Dir.
Du warst immer
glücklich bei mir.

Meine Hände zittern
vor Angst und Schmerz.
Ohne Dich
zerbricht mein Herz.

Deine Liebe versinkt,
und ich steh allein.
Wird es denn nie mehr
wie früher sein?

Meine Sonne geht unter,
ich schrei Trauer heraus.
Mein Paradies verschwindet.
Verdammt – es ist aus.

Deine Liebe

Dein Gesicht in meinem Kopf,
und Deine Augen
strahlen mich an.

Dein Lachen in meinen Ohren,
und Deine Arme
halten mich warm.

Deine Küsse auf meinen Lippen,
und alles dreht
sich nur um Dich.

Deine Liebe in meinem Herzen,
so wundervoll
bist Du für mich.

Lass Liebe Deine Welt regieren.
Liebesgedichte.

Gedichte sind Zeilen mit
verstecktem Sinn.
Kannst Du sie entziffern,
weißt Du, wie ich bin.
Hol mir die Sterne vom Himmel und
träume mit mir in meiner Welt,
in der die Liebe regiert.

Aktuelle Gedichte und Infos findet Ihr
unter

https://traumvondir.hpage.com

Alles über den Glitzerseewald erfahrt
ihr hier:

https://www.glitzerseewald.de

Auf Wunsch erhaltet Ihr Euer Buch auch
signiert.

Viel Spaß beim Lesen!